LE COMMISSIONNAIRE

DE SAINTE-MARIE.

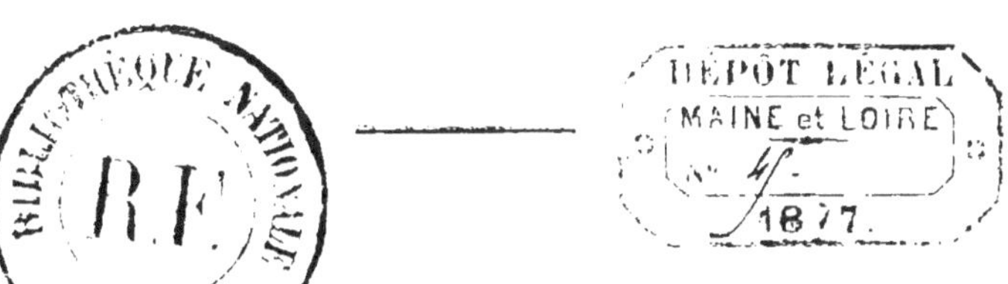

Vous avez sans doute rencontré, naguère encore, dans les
rues d'Angers, un vieillard de moyenne taille, cheminant
non sans peine, vêtu simplement, mais avec une propreté
irréprochable ; son portefeuille de cuir usé, mis en bandou
lière, le feutre mou à petits bords qui couronnait son occiput,
frappaient les regards, quand même son teint coloré, un air
honnête, des yeux souriants et narquois, ne l'eussent signalé
au passant quelque peu observateur.

Victor Boussion, ou plutôt le père Victor, ainsi qu'on l'ap-
pelait, avait la charge des relations extérieures de Sainte-
Marie ; en termes plus modestes, il en était le commissionnaire.
Devenu le doyen des serviteurs de l'Hospice Général, son
entrée à Saint-Jean remontait à 1838. Cette humble existence
vient de s'achever, après un cours de soixante-douze ans,
aux vifs regrets de tous ceux qui l'ont suivie, de tous ceux
qui ne mesurent point les mérites à l'obscurité des services.

Il est bon de conserver la mémoire du père Victor : nature
originale, c'était un type, trop rare ; le frottement du monde

n'avait pu l'assouplir. Né en pleine Vendée angevine [1], tel il fut enfant, tel il s'éteignit vieillard, avec ses grandes qualités et ses petits défauts. Doué d'un ferme jugement, fidèle jusqu'au scrupule, dévoué jusqu'au sacrifice, il avait l'humeur libre, la voix traînante, légèrement goguenarde, et portait parfois la franchise jusqu'à la rudesse. Le cœur était excellent, mais la parole se ressentait un peu de l'origine gauloise.

Attaché, pendant de longues années, à la pharmacie de l'ancien hôpital, sous la douce direction de sœur Jeanne, Victor, tout en vénérant sa maîtresse, ne pouvait retenir certaines observations critiques. Rien n'était curieux, nous a raconté une digne assistante de sœur Jeanne, comme les débats entre l'aimable religieuse et son brusque serviteur : l'une généreuse jusqu'à l'oubli d'elle-même, voulait toujours donner ; l'autre, économe pour la maison plus encore que pour sa bourse, se permettait des représentations, que l'on ne relevait point, en faveur du motif qui les dictait. Toutefois on devait user de prières pour le décider à aller quérir des suppléments de toniques ou de sirops ; il descendait à la cave, dépôt des précieux spécifiques, en grommelant, et assurant que l'Hôtel-Dieu serait bientôt ruiné si l'on cédait toujours aux exigences des malades. A la fin de sa longue carrière la dextérité de la bonne sœur n'avait plus la sûreté des premiers jours, et, plus d'une fois, des tasses ou des fioles s'échappèrent de sa main tremblante. Ces chutes étaient suivies

---

[1] Victor appartenait à une famille d'honnêtes artisans qui travaillaient pour la fabrique de Cholet. Sa mère avait douze frères et sœurs. Plusieurs périrent en 93. Elle-même, encore jeune fille, n'échappa à la mort qu'en se cachant dans les genêts. Le bourg de Melay fut incendié à diverses reprises. Il ne resta debout qu'un petit nombre de masures où s'abrita le reste de la population, composé de 61 personnes, femmes ou vieillards. Une *colonne infernale* vint à passer et fusilla 57 de ces malheureux. Bercé aux récits de la *grande guerre* dont les vestiges étaient encore frappants à sa naissance, Victor en reçut une impression qui ne s'effaça point.

d'exclamations de Victor dans un style rustique. Elles n'eussent pas été plus désolées si les voûtes de la grande salle se fussent effondrées sur les dalles du pavé. La pauvre sœur, confuse, gardait le silence, après les boutades de son subordonné, comme si elles étaient la juste expiation de ses petits malheurs involontaires.

A Saint-Jean, la pharmacie était si près de la grande salle, de l'unique salle des malades, que dans l'après-midi, sœur Jeanne et ses assistantes, sans appeler leurs compagnes du service intérieur, allaient souvent porter les remèdes à ceux auxquels ils étaient destinés. L'honnête Victor ne s'étant jamais approprié l'alcool ou les vins de liqueur, à l'usage des malades, inspirait une telle estime qu'on lui confiait non-seulement le transport des tisanes, mais encore celui des médicaments. Alors, il fallait le voir, heureux et fier, tenir solennellement des deux mains la coupe salutaire, avec le respect qu'il aurait eu pour la relique d'un saint. Attentif et adroit, il n'eut point à se reprocher d'en répandre une goutte ni d'en perdre un atome, Il s'approchait du patient avec un sourire grave, le rassurait, en le tutoyant amicalement, par quelque saillie encourageante, au besoin le décidait par une exhortation chrétienne, à sa façon primesautière, et ne le quittait qu'après s'être assuré d'une obéissance complète aux prescriptions de la faculté.

On pardonnait aisément le franc-parler de Victor, à cause de la ponctualité de son service, et de l'ordre qui présidait à toutes ses actions. Tel était son esprit d'arrangement qu'il sut, avec des salaires de dix et de quinze centimes par jour, épargner un capital de huit cents francs, dont il légua, dans un testament olographe, les trois quarts à trois de ses parents ; le quatrième fut consacré à des messes, réparties en termes réguliers.

Cependant, loin de pratiquer l'avarice, le père Victor donnait souvent à ceux qu'il aimait, et ne se refusait point, surtout à la fin de sa vie, mais sans tomber dans l'excès, un hommage aux produits mousseux des côteaux du Layon. Ce réconfort, pris dans une maison amie, et jamais au cabaret, était nécessaire, assurait-il, pour lui émoustiller l'esprit et raffermir les jambes. Il est juste d'ajouter que la multiplicité des courses du vieillard réclamait ce stimulant. Elles consistaient à remplir des missions de confiance, particulièrement à porter des notes au Secrétariat du parvis Saint-Maurice, et le bulletin mortuaire, hélas ! ininterrompu, au bureau de l'état-civil de la Mairie, dont Victor se regardait comme un des fonctionnaires. Doué d'une mémoire heureuse et faisant chaque chose avec soin, il se rappelait, sans recourir à des notes, toutes ses commissions, quelque long qu'en fût le défilé, et en rapportait ponctuellement la réponse intelligente. Ces messages lui semblaient d'une extrême importance, et, jusqu'au dernier moment, il ne s'en remit à personne pour le suppléer. Lorsqu'il fut retenu sur le lit de souffrances suprêmes, son grand souci était la crainte que sa besogne habituelle ne fût pas bien faite. Il mourut persuadé, non par amour-propre, mais par dévouement, qu'en lui donnant un successeur, on ne trouverait point un remplaçant aussi fidèle et aussi exact.

La sérénité de l'existence de Victor et la conscience qu'il avait de l'accomplissement de ses devoirs, furent cependant troublés un jour par un grave événement. Après l'installation de la pharmacie de Saint-Jean à Sainte-Marie, le vieux serviteur, en dépit de son zèle, dut renoncer aux actifs travaux du laboratoire. Cependant il ceignait encore le tablier bleu pour les préparations les plus simples ; il allait assister sœur Jeanne qui, de son côté, ne pouvant se résigner à la retraite, retrouvait avec bonheur, dans les incurables de l'Hospice, un grand nombre de ses chers malades de l'ancien hôpital. Ces soins divers ne suffisant pas à l'ardeur juvénile du père Victor, il fallut lui trouver d'autres labeurs. On venait d'installer le cabinet de douches, aux bains des hommes ; le service lui en fut confié. Tout marcha bien pendant quelque temps ;

mais un jour, jour néfaste ! qui ne se trompe ici-bas ? il n'apprécia pas assez juste le degré de chaleur du liquide, ou sa main sexagénaire ne put-elle fermer à temps l'appareil ? tant il advint que le patient eut une jambe fortement endommagée. Les médecins, à bon droit, se plaignirent, et Victor fut relevé de ses fonctions trop copieusement balnéaires. Il ne subit point cette mesure sans protestation. — Je n'en avais pourtant brûlé qu'un, s'écria-t-il consterné, deux, tout au plus !

En bon chrétien qu'il était, le père Victor finit par oublier l'injure ; toutefois on présume qu'elle fut l'origine, sans peut-être que le digne homme s'en aperçût, de la sévérité de ses appréciations sur le corps médical contemporain, à propos du changement de régime appliqué aux misères humaines. « — Parlez-moi des anciens médecins, se plaisait-il à nous dire, c'était le bon temps ! Arrivés dès l'aube dans notre belle salle de Saint-Jean, ils ne commandaient que de bons remèdes, bien simples, bien connus, point chers, qui produisaient tout de suite leur effet. Si le malade était faible, un cordial solide le ranimait bientôt ; s'il était fort, vite des sangsues ou une saignée abondante le calmaient en quelques minutes. Il fallait voir comme les internes s'y prenaient lestement ! Nos Sœurs se mettaient aussi de la partie dans les cas pressants, tandis qu'aujourd'hui on a si grand'peur de tirer une goutte de sang, de mauvais sang, qu'on ne saura bientôt plus manier la lancette, et pourtant en a-t-elle sauvé du pauvre monde !

« Puis, selon les circonstances, quand le malade était bien abattu ou bien ragaillardi, quelle copieuse médecine on lui administrait, et de quelle bonne tisane on le ravigotait ! On ne m'envoyait chercher que des plantes pectorales, salutaires, amies de l'homme, de la bourrache, de la guimauve, des quatre fleurs, de la camomille... A présent, quelle différence ! on ne me demande guère que de faillies plantes qui auraient mieux leur place au fond de notre four qu'à notre laboratoire, c'est de la ciguë, de la digitale pourprée, de la jusquiame, enfin un tas de mauvaises herbes, d'aspect diabolique, qui ont des noms aussi repoussants que leurs figures... »

Pour la médecine, la génération de 1840 qui contenait tant de praticiens éminents, — pas plus assurément qu'aujourd'hui, — pour la pharmacie Sœur Jeanne et M. Cadot [1] qu'il associait dans son estime, telle était la limite de l'horizon du brave Victor. Il s'en tenait à ce point. C'était pour lui l'apogée. Depuis, son œil attristé ne voyait que déclin.

Si le pauvre Victor était bien arriéré en fait de systèmes médicaux, on doit lui pardonner, car il n'était ni docteur, ni docte ; de plus, blanchi sous le harnais, naturellement il préférait les usages de sa jeunesse. S'il eût appris le latin, il n'eût point rougi de se proclamer *laudator temporis acti.* Témoin de la vigueur antique, son patriotisme ne voulait pas croire à l'anémie contemporaine. Trop peu éclairé pour comprendre que les temps, changeant avec les générations, demandent des modifications de traitement, il méconnaissait les services que les merveilleux progrès de la chimie ont apportés au grand art de guérir. Le bonhomme, en un mot, n'avait qu'un médiocre enthousiasme pour les découvertes modernes ; son entêtement réactionnaire n'admettait pas que la science pût extraire un remède souverain des poisons les plus subtils ; il trouvait bien plus commode de s'en tenir aux faits acquis, que de se fatiguer l'esprit à la recherche de perfectionnements dont, selon lui, pendant des siècles, on s'était si bien passé.

Entre ses courses la jouissance favorite du père Victor consistait en visites à ses oiseaux ; il les entretenait dans une petite volière, et leurs gazouillements lui rappelaient les promenades de son enfance, le long des haies du Bocage. Une occupation plus sérieuse le retenait, à ses courts loisirs,

---

[1] M. Cadot, qui fut le premier pharmacien attaché à l'Hôtel-Dieu, y a laissé les meilleurs souvenirs. Son humeur enjouée, l'aménité cordiale de ses manières, son profond savoir, étaient en parfait accord avec les qualités de sa digne collaboratrice.

dans la plante-bande qu'on lui avait concédée, au bas du grand escalier, et qu'il se plaisait à appeler *mon jardin*. Ce qu'il cultivait et amenait à bien dans cet étroit espace excitait une surprise admirative : fleurs, légumes, arbustes, y prospéraient à l'envi, sinon à l'aise. Les plantes médicinales, selon la prédilection du maître, y tenaient le premier rang. Lavande, hysope, douce-amère, menthe, fournissaient un tribut fréquent et précieux à la pharmacie. Ce n'était pas sans un certain orgueil que Victor démontrait les richesses de sa terre de Chanaan : chacune avait un commentaire, mais il gardait pour le bouquet l'éloge de son pêcher, dont la floraison au printemps dernier, attirait les regards des connaisseurs. Le nombre et la beauté des fruits, succès rare cette année, répondirent à l'éclat des fleurs. — Eh bien ! père Victor, lui demanda-t-on, vous êtes-vous régalé de vos belles pêches ? — Pour dire la vérité, Monsieur, j'en ai mangé deux. — Et les autres, à qui les avez-vous données ? — Ah ! Monsieur, je n'en avais pas le droit ; elles appartenaient à la maison ; je les ai portées à sœur Félicie [1].

Un scrupule aussi délicat ne peut provenir que de croyances fortement enracinées. Victor veillait à ses devoirs religieux avec la même ponctualité qu'à ses fonctions temporelles. Il assistait à la messe de grand matin et récitait régulièrement le chapelet. Il ne manquait même pas aux prescriptions moins obligées de la piété. Un jour je l'aperçus debout, immobile, dans son petit jardin, le visage tourné vers le soleil couchant. La prière du soir sonnait à la paroisse voisine. L'un des derniers bienfaiteurs de Sainte-Marie, le peintre de l'Angelus, eût trouvé à ma place dans cette scène simple et grave, le sujet d'une de ces œuvres émouvantes qui donnent à rêver longtemps.

Après une carrière si exemplaire dans son obscurité, les obsèques de ce bon serviteur devaient être entourées

---

[1] L'habile et excellente Sœur chargée de la difficile direction des cuisines.

d'égards inaccoutumés [1]. Les principaux camarades du défunt avaient tenu à y assister ; un groupe de religieuses suivait le cortège, et la Commission administrative des Hospices était représentée par l'un de ses membres. Les touchantes prières de l'Église terminées, celui-ci prononça quelques paroles, en harmonie avec les pensées de l'auditoire ; les voici telles, à peu près, que notre souvenir les a recueillies :

Mes amis,

Permettez-moi de vous retenir encore quelque temps autour de cette tombe. La Commission des Hospices a voulu par ma présence, rendre hommage au doyen de ses serviteurs, à l'honnête homme que nous venons d'accompagner au champ des adieux suprêmes. Quand on a fait son devoir, plus que son devoir, pendant trente-six ans, dans un établissement aussi honorable que le nôtre, on a droit de compter que justice sera rendue à une vie utile, couronnée par une mort édifiante.

Victor Boussion naquit à Melay au pied de N.-D. des Gardes, dans le centre même de la Vendée angevine. Type de la vieille roche, il avait toutes les qualités de sa race ; il en avait aussi la franchise un peu rude. D'une complexion chétive, il était venu le dernier de sa famille. Pauvre tisserand, gagnant à peine trente sous par jour, malgré un travail opiniâtre, il souffrait du séjour obligé dans les caves. Un de ses parents le fit venir à Angers et le recommanda à la supérieure de Saint-Jean, qui était alors la vénérable sœur Samouilhan. Victor fut d'abord placé, comme infirmier, dans le quartier des idiots et des épileptiques. Il s'y fit promptement remarquer par ses qualités distinctives, c'est-à-dire par une exactitude consciencieuse, du goût à son travail, un esprit ingénieux et un grand respect pour la maison,

[1] 20 novembre 1876.

Sœur Jeanne, dont le nom, béni du pauvre, est inséparable de l'histoire de notre vieil hôpital, le réclama pour la pharmacie qu'elle dirigeait, beaucoup d'entre vous en furent témoins, avec une intelligence surpassée seulement par son angélique charité.

Pendant vingt-cinq ans, Victor fut le serviteur ou plutôt le collaborateur de sœur Jeanne. Elle avait en lui une confiance entière, et l'écoutait avec profit, parfois avec patience, avec bonté toujours, pardonnant les accès d'humeur de son subordonné en faveur de son attachement et de son ardeur à se rendre utile. Entre autres moyens imaginés dans ce but par Victor, nous devons mentionner l'économie considérable qu'il sut procurer à l'Hôtel-Dieu en allant à la recherche des plantes des champs, nécessaires à la préparation des remèdes. Avant lui on se les procurait à prix d'argent chez les herboristes. Observateur par goût, Victor avait acquis dans ses excursions autour de son village des connaissances élémentaires de botanique. Il devait trouver, à Saint-Jean, mainte occasion de les appliquer. Quand la provision de simples s'épuisait, l'industrieux serviteur se mettait en campagne, et revenait chargé de moissons balsamiques recueillies surtout aux environs des rochers de la Plesse et de l'étang Saint-Nicolas. Les fermiers de ces contrées le connaissaient et se plaisaient à l'aider dans ses bienfaisantes herborisations.

Ce service important n'était pas le seul rendu à l'hôpital et à ses nombreux hôtes. Je vous ai dit, Messieurs, en commençant, que Victor avait un sentiment inné du devoir ; en voici une preuve, car il serait trop long de vous énumérer toutes les circonstances où il cherchait à devancer les désirs de sa maîtresse. Professant pour elle un dévouement absolu, en dépit de certaines brusqueries excitées par une bonté, à son avis, excessive, il tâchait de lui éviter les visites que l'admirable sœur, dans sa sollicitude maternelle, faisait souvent aux *grands malades* pendant la nuit. Plus d'une fois, elle trouva Victor qui, l'ayant précédée au chevet des pauvres patients, lui demandait pourquoi elle se dérangeait. Ne pouvant oublier son ancien rôle d'infirmier, assurait-il, il savait aussi bien qu'elle ce qu'il y avait à faire.

Si le cœur du brave Victor, tendre au fond, était un peu rude d'écorce, il avait le sens droit et l'injustice le révoltait. Plusieurs d'entre vous, sans doute, l'ont entendu répondre aux plaintes, ingrates si elles n'étaient irréfléchies, de quelques-uns de ses camarades, par des observations pleines de raison et d'à-propos. — « Comment, leur disait-il, voulez-vous que l'on fasse mieux pour vous? Sainte-Marie contient plus de douze cents personnes. Les ressources sont bornées. Ce n'est qu'à force d'économie et de vigilance que l'on peut subvenir à nos besoins. Si les administrateurs n'exerçaient pas gratuitement leurs fonctions ; si les médecins avaient un traitement en rapport avec leurs peines ; si les Sœurs qui ne s'occupent que de notre bien-être moral et physique, ne coûtaient pas, à commencer par la Supérieure, moins que des servantes, on serait obligé de renvoyer un grand nombre d'entre nous.

« Que nous manque-t-il ? Ne sommes-nous pas bien logés, proprement et abondamment vêtus, nourris ? Le premier des aliments, notre pain, est assurément le meilleur de la ville [1]. Si le régime est très-suffisant, la discipline n'est-elle pas très-douce ? Nous sommes gouvernés par des femmes, et quelles femmes ! Des religieuses qui n'auraient pas voulu servir les grands de la terre, et qui ont sacrifié les joies de la

---

[1] On peut facilement justifier cette assertion. Le boulanger de Sainte-Marie n'est pas supérieur à ses confrères ; mais il travaille avec goût et dans des conditions particulières. Ses produits, confectionnés de jour, avec des farines de choix, ne contiennent aucun des ingrédients employés souvent dans le commerce pour atteindre le poids : aussi le pain de l'Hospice a-t-il une saveur de pur froment, une fraîcheur après plusieurs jours que ne possède pas le pain de la ville, même dans quelques-unes des premières boutiques. A Sainte-Marie on obtient la qualité du meilleur pain, dit *de ménage,* que l'on fait à la campagne, dans les maisons privées.

famille, les plaisirs du monde, les avantages de la naissance
et de l'éducation, pour venir s'enfermer avec les petits, avec
nous, soigner nos maux, charmer nos tristesses, parce qu'elles
savent que rien n'est plus agréable à Dieu que l'amour des
pauvres, surtout quand ils sont enfants sans mère ou vieillards sans soutiens, quand ils sont malades ou infirmes. Pourvu que l'on travaille selon sa force, et que l'on soit docile,
il ne nous est rien demandé de surplus. Nous n'avons ni souci
de famille, ni inquiétude d'état ou de fortune. Nos parents,
nos amis peuvent venir nous voir, et après avoir bien passé
la semaine, nous jouissons de la liberté du dimanche.

« Si nous devons de la reconnaissance aux personnes qui
ont soin de nous, nous ne sommes à charge à qui que ce soit.
L'Hospice a été fondé il y a longtemps, et quand encore quel-
quefois, il se fait des dons, bien utiles et bien employés, on ne
nous demande pour remerciement qu'une petite prière, certaine d'être bien accueillie par le bon Dieu qui, vous le savez,
aime les pauvres par-dessus tout, pourvu qu'ils soient rai-
sonnables. Nous ne sommes pas chez quelqu'un, nous sommes dans la maison de tous, nous sommes chez nous : aussi
ce qui me fâche c'est d'entendre dire à plusieurs : — Oh !
je ne suis pas assez payé ; je veux davantage. — Les plaignants
ne réfléchissent pas que si l'on augmentait certains, contre
la règle, tous les autres réclameraient, de sorte qu'une aug-
mentation légère étant bornée à un petit nombre, deviendrait
un poids insupportable à la caisse des Hospices, si elle s'éten-
dait à des centaines d'individus.

« Nous ne travaillons pas chez un patron, disait encore
notre philosophe pratique, nous travaillons pour nous ; ce
que nous faisons tourne à notre profit. Puisque nous sommes
défrayés de tout, de quoi avons-nous besoin ? Tout au
plus de quelques suppléments faciles à se procurer avec
notre petit salaire ; mais si nous voulons être rétribués,
comme si nous étions jeunes, et suivant notre estime, sans
faire attention au gain que représente notre entretien, alors

il faudra recourir à des travailleurs étrangers qui coûteront fort cher, et dont la dépense entraînera le renvoi de quantité d'entre nous... »

Chose étrange, et cependant certaine, vous en avez été plus d'une fois frappés, mes amis ! ces représentations de Victor, que lui suggéraient le bon sens et l'expérience, étaient provoquées par les doléances de quelques-uns qui, avant leur entrée, avaient souffert davantage; tant il est vrai que l'homme est disposé, souvent, à rejeter sur les autres les causes de sa misère et continue à les en accuser, même quand on lui a tendu une main secourable, — en se montrant exigeant, on ne se souvient plus d'avoir pâti, — tandis que ceux qui occupaient des positions plus aisées, ou qui même apportent à Sainte-Marie une pension aidant à maintenir le grand nombre de leurs camarades, sont plus accessibles aux idées équitables.

Ah ! sans doute, les premiers instants du séjour à Sainte-Marie sont, parfois, difficiles. La vie en commun au dortoir et au réfectoire, a ses côtés pénibles, surtout quand on a joui d'un certain bien-être, acquis par le travail, quand on a été entouré de la tendre sollicitude d'une compagne et des respectueuses attentions d'enfants bien élevés. Le meilleur des hospices, le plus paternel et le mieux administré, ne vaut pas le plus petit *chez soi*, le foyer domestique, au centre d'une famille unie et prospère ; mais quand on n'a jamais eu ou que l'on a perdu ces biens inestimables , la plus simple réflexion sur notre état ne nous engage-t-elle pas à la résignation ?

Au point de vue des intérêts purement humains, votre sort a de nombreux avantages ; cela est si vrai qu'il est envié, vous ne l'ignorez pas, par une multitude de solliciteurs. Les uns sont contraints d'attendre longtemps, parce que les vacances ne se multiplient pas au gré de leurs désirs, les autres ne seront point admis parmi vous, parce que Sainte-Marie doit être un asile pour les affligés qui souffrent de malheurs involontaires et immérités, non pour ceux qui sont victimes de leurs excès.

Si nous nous élevons à des considérations bien autrement importantes que les intérêts matériels, c'est alors que la compensation est toute à votre bénéfice. Oui, il faut être saint pour oublier complétement les choses d'ici-bas, et la religion ne l'exige point ; seulement elle nous prescrit de tourner nos regards vers le ciel, et d'y aspirer de plus en plus, en nous corrigeant et en devenant meilleurs. Or dans quel lieu pouvez-vous être mieux placés pour atteindre ce but, lequel est la vraie, la seule fin de notre rapide passage sur la terre? Croyez-le bien, mes amis, nul n'est exempt de misères. La vie est lourde pour tout le monde, surtout à notre époque de mobilité et d'incertitude. Ah ! comme ceux que l'on appelle, que vous appelez peut-être, les heureux du siècle, seraient jaloux de votre bonheur s'ils savaient l'apprécier ! Vous avez été pauvres, vous avez été abreuvés de souffrances et de chagrins, par conséquent vous êtes les bien-aimés du Sauveur des hommes. Vous habitez une maison bénie, où d'en-haut vous ne recevez que de salutaires exemples, et vous êtes certains, si vous le voulez, après un petit nombre de jours écoulés doucement, de vous endormir dans la paix du Seigneur. Quelles richesses, quels trésors peut-on comparer à ceux qui sont à votre portée et dont il ne dépend que de vous de jouir à présent et pour toujours?

Réfléchissez donc, je vous prie, mes amis, sur des vérités qui vous ont été exposées par des voix bien plus respectables que la mienne. Je dois vous rappeler ces préceptes, dans cet instant solennel, d'autant plus que la vie de l'excellent homme auquel nous venons dire un dernier adieu, en fut la constante mise en action.

Est-il besoin d'ajouter que les conseils du vieil infirmier étaient inspirés par le sentiment qui ne trompe jamais et qui nous maintient toujours dans la voie de la justice? En même temps qu'il accomplissait si bien ses devoirs envers notre chère maison de Sainte-Marie, Victor ne manquait point à ceux qu'il est si doux de remplir envers notre Maître à tous. Vous avez été témoins de sa piété profonde et réfléchie. Chaque jour, il en donna des preuves, librement, sans ostentation. Jusqu'à son dernier soupir, il fut fidèle à la foi que lui avait enseignée sa mère, à sa foi de Vendéen.

Il lutta longtemps contre le mal qui l'envahissait. Plusieurs semaines avant de mourir, quand l'enflure et la débilité de ses jambes lui interdirent tout service extérieur, le père Victor voulut forcer la nature pour rendre encore quelque bon office à la pharmacie. Ayant toujours eu grand'pitié des enfants atteints à la tête par le répugnant mal, produit ordinaire du défaut de soins et de la détresse, il suivait avec intérêt le traitement de médecins spécialistes. A leur dernière visite avant son alitement, rien ne put l'empêcher, en se traînant sur des béquilles, de continuer à leur prêter le concours de son expérience et le reste de ses forces. Le matin même du jour où il fut obligé de s'arrêter pour ne plus se relever, on le vit revêtu du tablier de travail, désirant comme le soldat ne tomber que sur le champ de bataille. A toutes les instances pour l'engager au repos, il répondait sans savoir qu'un grand saint l'avait dit avant lui : N'ai-je pas l'éternité pour me reposer ?

Ce ne fut pas sans un long serrement de cœur que le père Victor descendit de la chambrette où il se plaisait tant, mais où il n'était pas possible de lui donner les soins exigés par son état. Il céda enfin comme toujours, à la raison et à l'affection. A peine installé dans la petite infirmerie, il s'y trouva très-bien. Après avoir remercié les Sœurs de leurs attentions, n'ayant que de douces paroles pour elles, pour les camarades, ses voisins, ou les personnes qui venaient le voir, il attendit la mort avec courage et confiance en la miséricorde divine, ne pensant plus qu'à se préparer à une vie meilleure, passage toujours redoutable, même pour les braves gens.

Un tel exemple ne peut être oublié. Quand nous aussi, après avoir terminé notre tâche, nous ne serons plus là pour attester les mérites de l'honnête homme regretté par tous, le souvenir en sera conservé d'une manière durable à Sainte-Marie. Plusieurs morts récentes ont décidé l'Administration à réaliser un dessein médité depuis quelque temps : sur un livre, livre d'honneur par excellence, Madame la Supérieure a bien voulu se charger de faire transcrire des notices consacrées aux petits employés de la maison dont la conduite aura été exemplaire.

En revenant sur le passé nous ouvrirons nos annales familières à partir de la translation de Saint-Jean à Sainte-Marie. Cette période est courte et cependant elle a été attristée par bien des pertes qui vous sont présentes : Madame Charozé, Jeanne Gaignard, François Bourreau, Perrette Peltier, le père Guimier, Joséphine Pékin, Fanny Eutrope, et d'autres encore qui ne seront point oubliés [1]. Si nous avons à déplorer tous ces deuils, nous cherchons à nous

---

[1] Peu de jours après la mort de Victor, un autre vide, bien difficile à combler, s'ouvrit à l'Hospice général. Après avoir rempli les fonctions les plus laborieuses, la contre-maîtresse des lavandières succombait en quelques heures, aux atteintes d'une fièvre cérébrale. Marie Mérida n'avait pas connu de parents ; adoptée par les Sœurs, elle s'acquittait en soins aussi intelligents que dévoués, de sa dette de reconnaissance. Infirme au dernier degré elle ne se soutenait que par l'énergie morale. Telle était sa faiblesse que pour franchir l'étroit espace qui sépare du bord de l'eau le quartier des femmes, on la portait sur une brouette où elle ne pesait pas plus qu'un enfant.

Pendant vingt de ses cinquante années, Marie exerça l'emploi ardu de surveillante du bateau à laver avec tant de tact et de fermeté qu'elle y était aussi aimée que respectée. Près de son lit de mort elle fit appeler ses trente ouvrières auxquelles se joignit une nombreuse assistance, et s'exprima en termes si élevés et si touchants que l'émotion fut extrême. Après avoir demandé pardon des peines qu'elle avait pu causer, elle donna à chacune les conseils les plus sages et les plus attendrissants. Tout le monde pleurait. A la surprise qu'on lui témoigna de l'entendre si bien parler, Marie répondit qu'elle voyait et qu'elle entendait des choses dont elle n'avait pas eu l'idée auparavant. De cet humble corps disgracié allait s'élever une âme d'élite.

consoler à la pensée que l'esprit de sacrifice, d'attachement à notre chère maison n'est point rare parmi vous. Puissent ces nobles modèles avoir de nombreux imitateurs !

Maintenant qu'elles n'existent plus que dans nos souvenirs, nous osons rapprocher la vie obscure du père Victor d'une glorieuse carrière. En exaltant naguère, à la tribune du Sénat, les vertus de l'organisateur des ambulances internationales de 1870, du comte de Flavigny, l'orateur [1] s'écriait que de tels actes ne peuvent être récompensés qu'au ciel : c'est aussi là, dans la patrie de la vraie égalité, où il n'y a ni grands ni petits, ni pauvres ni riches, que notre vieil infirmier, nous en avons le ferme espoir, reçoît le prix des bons services. S'il nous est permis d'exprimer ses vœux, humblement cachés au fond du cœur, ils seront exaucés par sa réunion à son ancienne maîtresse, dont le commandement fut si doux, à sœur Jeanne, d'aimable et sainte mémoire.

L. COSNIER.

[1] M. Ed. Laboulaye.

Angers, Imp. P. Lachèse, Belleuvre et Dolbeau-7—

9 782329 168968